はじめに

ひとことはなしハひのきしん
にほひばかりをかけておく　七下り目 1

親神様の深い思惑を、自ら内に治め、人にもうつしていくために、一言はなしは、いつでも、誰でも、そしてどこでも語り、かつ聞かせて頂きたいものです。

お道の話は、聞いたうえにも聞き、説いたうえにも説けとは、先人がよく口にしたさとしです。改まった席で、時間をかけてのお仕込みもさることながら、教えの理は一言の教話とともに人心を開き成人の糧となります。

お教え通り素直に歩もう〟とお促し頂く折から、教えを求めるよすがとして、読んで成人、贈てにをいがけ、時には読みきかせて、ともに反省の種ともなればと念じて、この短篇教話集話の台』を編みました。布教求道文書としてお役立て頂ければ幸甚です。

最後に、ご協力頂いた方々に心からお礼申し上げます。

昭和五十二年六月

編　者　識

目次

はじめに　1

栗の節句——苦のなくなる話——　4

真実たすかる理が大事　6

日参と月次祭　8

真実の生き方　10

信仰の生命　12

捧げて喜ぶ生活　14

心の持ち方　16

捨てることのむずかしさ　18

徳一杯の人生　20

欲を忘れてひのきしん　22

健康のありがたさが本当に分かるためには　24

ほこりを払う道　26

夫婦という一つの道　28

一分八間　30
陽気ぐらしの第一歩　32
恩を知る　34
健康長寿の秘訣　36
親という理を戴く　38
信心の姿勢と態度について　40
徳を生かして　42
病を越える心　44
女は台　46
何を頼りに　48
ご利益とは何か　50
成人の道――天理教の信仰のあり方――　52
尽くした理は末代　54
〝たすかる〟とは　56
陽気ぐらしへの道　58
ぢばに生きる　60

栗の節句

――苦のなくなる話――

教祖《おやさま》は、ある時、増井りん先生に、

「九月九日は、栗の節句と言うているが、栗の節句とは、苦がなくなるということである。栗はイガの剛《こわ》いものである。そのイガをとれば、中に皮があり、又《また》、渋がある。その皮なり渋をとれば、まことに味のよい実が出て来るで。人間も、理を聞いて、イガや渋をとったら、心にうまい味わいを持つようになるのやで」

と、お聞かせ下されたという話が、教祖伝逸話篇に収められております。

人間は皆、剛いイガを持っております。我《が》、高慢、欲というイガです。身びいき、身勝手、気随気ままという皮や渋も持っております。イガ同士の人間が暮らしていますので、毎日ひっかかってしようがない。しかも、自分のイガには気がつかず、相手のイガだけが気になるし、邪魔になってしようがないのです。

誰でも、思う通りになれば腹は立たないのですが、思う通りにならないから、腹を立てるのです。ところが、この世の中は、自分の思う通りには出来ていません。それを思う通りにしたいというのは、気まま勝手な欲です。「欲にきりない泥水や、心澄みきれ極楽や」とも教えて頂いている通りであります。

ところで、思うようにならないのが苦であります。苦労は向こうからやって来るようにばかり思っていますが、実は苦の種は、こちらが持っている。つまりイガであります。

こちらにイガがあれば、真綿に包まれてもひっかかります。こちらが丸くて、つるつるしていれば、たとえ相手がイガでもひっかかりません。

人間同士の世界でもそうでありますが、ましてや、この世界は神様のご守護下さるかりものの与えの世界です。心通りに運命の与えられる、ご守護の世界であります。イガをとったら、苦のなくなるご守護の世界がひらけてきます。

泉田藤吉先生が、十三峠で三人の追いはぎに出会った時、素直に羽織も着物もみな脱ぎ、財布まで載せて、大地に正座して「どうぞお持ちかえり下さい」と頭を下げたのも、かりものを悟り、イガをとった姿でありましょう。頭を上げたら追いはぎの影も形もなかったのです。「不自由なきよにしてやろう、神の心にもたれつけ」と教えて下された、天下無敵の神一条の世界であります。

真実たすかる理が大事

明治十五年のこと、倉橋村の山本いさという人は、五年余りも足腰が立たず寝たままであったが、ふしぎなたすけを頂き、一人歩きができるようになった。

が、そのあと手が少しふるえて、なかなかよくならない。少しのことではあったが、当人はこれを苦にしていた。それで、明治十七年夏、おぢばへ帰り、教祖《おやさま》にお目にかかって、そのふるえる手を出して「お息をかけて頂きとうございます」と願った。すると、教祖は、「息をかけるは、いと易《やす》い事やが、あんたは、足を救《たす》けて頂いたのやから、手の少しふるえるぐらいは、何も差し支《つか》えはしない。すっきり救けてもらうよりは、少しぐらい残っている方が、前生のいんねんもよく悟れるし、いつまでも忘れなくて、それが本当のたすかりやで。人、皆、すっきり救かる事ばかり願うが、真実救かる理が大事やで。息をかける代わりに、この本を貸してやろ。これを写してもろて、たえず読むのやで」
とお諭し下されて、おふでさき十七号全冊をお貸し下された。この時以来、手のふるえは、一寸《ちょっと》も苦にならないようになった。そして、生家の父に写してもらったおふでさきを、生涯、いつも読ませて頂いていた。そして、誰を見ても、熱心ににをいをかけさせて頂き、八十九歳まで長生きさせて頂いた。

こういう話が、教祖伝逸話篇に収録されています。

いささんは、最初は足が立ったのだから、手も鮮やかにご利益《りやく》をもらいたい一心です。教祖は、「すっきり救けてもらうよりは、少しぐらい残っている方が、前生のいんねんもよく悟れるし、いつまでも忘れなくて、それが本当のたすかりやで」と、目の前のご利益よりも、本当にたすかる道を示され、さらに「人、皆、すっきり救かる事ばかり願うが、真実救かる理が大事やで」と、その場のご利益よりも、真実たすかる理の尊さを分からせたい上から、ご利益をやる代わりに、おふでさきを写して絶えず読むように教えられたのです。

いささんは、この時から手のふるえが苦にならなくなり、八十九歳までも長命されました。おふでさきを常に拝読して、誰にでもにをいをかけたのは、信心の有難さと喜びに満ちていたからでしょう。手のふるえを止めて頂く以上の深い喜びであったと思います。

教祖の親心が身に染みるお話です。

日参と月次祭

教会への日参とは、毎日参拝することですが、なぜ日参をお勧めするのでしょうか。それは皆さんが結構になられるからです。

まず教会の朝づとめは、今日一日、無事に働かせて頂けますようにとの願い込みであり、夕づとめはそのお礼であります。

日参される方は、なぜ素晴らしいご守護を頂戴《ちょうだい》するかと申しますと、それは毎日神様にお願いとお礼をし、また、ちょっとでも神様のお話を聞いて心が美しくなりますから、親神様に受け取って頂いてたすかるわけです。

もう一つ、毎日通《かよ》うということは、自分の家と相手、すなわち親神様、教祖《おやさま》との間に大きな道がつくことになります。

例えば、立派な道がついていても誰も通わなければ、自然に野原になってしまいますね。「道が無《の》うては出るに出られん」と教えて頂いています。野原でも常に人が、車が通れば自然に道がつきます。だから通れるのです。

教会に毎日運ぶことは、自宅と教会の間に道がついているわけでありますから、さあという時、すなわち身上・事情の場合も、この道を伝って親神様が絶大で、すみやかなご守護を下さるものと悟らせて頂きます。

月に一度の教会の月次祭は、言うまでもなく親神様の日頃のご守護に対する、心からなるお礼と祈りのおまつりであります。

私たちは毎日、朝夕のおつとめに参拝させて頂き、お礼を申し上げるのが一番いいことですが、遠く離れていたり、勤務や仕事の都合でそれができないことがあります。そんな時、誠に申し訳ないことながら、せめてこの日こそは、命を込めてお礼とお願いをする日が来た、また、日頃から待ちに待った日であるという心で参拝するのが月次祭であります。

今日こそ親神様の御前で一カ月のお礼と感謝をする時が来たのだからと、祭典の始まる前に来て待つから、待つ理、すなわち「まつり」とも悟れます。

自分は商売が忙しくて丸一日はとても繰り合わせができないから、夜に参拝させて頂いているという方もありますが、その忙しい方が病気で、一カ月も万障繰り合わせて入院されたりします。そうならぬよう、月次祭には万障繰り合わせて参拝させて頂きましょう。

真実の生き方

めへ〳〵のみのうちよりのかりものを　しらずにいてハなにもわからん　（三号　137）

私たちの身体《からだ》は、親神様が私たち一人ひとりの魂に貸し与えられたかしものであり、私たちからすれば、それは親神様からのかりものであります。

さらに、親神様が日夜絶え間なくご守護下されているからこそ、身体も壮健に、また自由に使わせて頂けるのであります。

かりものの理を十分心に治めて通ることが人間としての心の使い方・生き方の一番基本で、自分の力や能力や甲斐性《かいしょう》によって「自分は独力で生きている」と思う心は、人間としては最も思い上がった心遣いであり、生きざまであると言わざるを得ません。

私は、ある老先生が次のように語られるのを聞いたことがあります。

「私は八十の齢《よわい》を越した老人やが、毎朝ふとんの中で目を覚ますと、有難いことに天井が見えますのや。そして、横を向くと部屋の障子が目に入りますのや。さらにまた自分の手を前にかざすと、自分の手も見えますのや。ああ、なんと有難いことやなあ、今日もまた神様の結構なご守護を頂いて、天井も見せて頂けた、障子も、自分の手も見せてもらえると思うと、腹の底から何ともしれず喜びが込み上げてきて、思わず知らず拍手《かしわで》を打って神様にお礼を申しますのや。

また気がつくと、遠くの方で車の通る音、庭先で雀《すずめ》がチュンチュンさえずっているのが聞こえてきますのやなあ。ああ、今日もまた神様は結構にご守護下されて、車の音も雀の鳴き声も聞かせてもらえるのだと思うと、また腹の底からグウッと喜びが込み上げてきて、思わず知らず拍手を打って神様にお礼を申させてもらいますのや。目が見え、耳が聞こえますのも自分の力ではない、神様のご守護あればこそですからなあ……」

この老先生は、目があくとともに、親神様のふところの中に包まれ守られながら、かしもの・かりものの身体を使わせて頂いていること、生かされていること、すなわちかしもの・かりものの理を心に治めておられるのであります。

人間の真実の生き方は、ここから始まる。かしもの・かりものの身体をわがために使うのではなく、親神様の思召《おぼしめし》に従《したご》うて使わせて頂くところに、人間の本当の幸せが得られるのであります。かしもの・かりものの理を心に治めることが、人間の心の使い方の基本なのです。

信仰の生命

昔から〝命あっての物種〟と言われていますが、人間はもとより、この世に存在しているあらゆる物の存在の意義、価値は、生命があるからにほかなりません。いかな物でも生命があるものは、この世に存在が許されるが、生命が失われた時は存在は許されず、抹殺されることになります。今の今まで、これは重宝だ便利だと大事大切に扱われたものでも、生命を失ったその瞬間から、直ちに姿を消さねばならないという運命をたどります。

例えば、日常使われるコップについて考えてみるならば、水を頂くには便利重宝で、破損せぬよう大切に取り扱っておりますが、ちょっとした粗相で損なわれた時には、もうコップとしての働きを失い、役に立たぬことになるから廃棄するよりほかありますまい。

お互いの運命も同様、いかに大事な夫でも、最愛の妻子でも、それは喉《のど》三寸息が通ってあってこそ蝶《ちょう》よ花よと愛《め》でられていますが、出直し（死去）したその瞬間から、今の今まで親しく語り合い、睦《むつ》び抱き合《お》うた仲であっても、ものの三日と置くことは許されず、完全にこの世から姿を消さねばならぬ運命に急転直下変わりますね。

生命があればこそ、物のお役に立つので存在の価値があり、存在の意義があるわけです。この理合いは形ある物質のみに限りません。目に手に触れられない心の面、信仰の世界にも当てはめられると思います。すなわち信仰の生命がなく、形式にとらわれた姿は、真の信仰とは申せません。

信仰の生命を把握せねば拝み信心・ご利益《りやく》信心で、単なる気休めに過ぎず、真の信仰とは申せますまいと存じます。多くの人々は神仏に、いろいろ自己の欲望を願い、ぬかずき、拝み、呪《まじな》い祈禱《きとう》をしていることが信仰と心得ているようですが、それは真摯《しんし》真剣な信仰でしょうか。信仰とは、その御《み》教えの理をなるほどなあと聞き治めて、その心になって分別し、行動となってこそ、真の信仰生活と言えると存じます。

天理教の信仰の生命は、教祖《おやさま》のひながたの道と教えられています。従ってひながたの道をお慕いし、しっかり学び治めて、親神様の思召《おぼしめし》を悟り、その思召に沿うよう適《かな》うよう努力する、その姿こそ信仰の態度と存じます。一朝一夕に思召に適うようにはならなくとも、沿わせて頂けるようにと精進努力することこそ肝要ではないでしょうか。ここに成人への道があるので、この道は成人の道とお説き明かし頂くゆえんがあるのです。

捧げて喜ぶ生活

教祖御伝第三章「みちすがら」に「物を施して執着を去れば、心に明るさが生《うま》れ、心に明るさが生れると、自《おのず》ら陽気ぐらしへの道が開ける」とお教え頂いております。

教祖《おやさま》は、気の間違いか、憑《つ》きものかとののしられながら、悩める者、苦しめる者、また貧しく力なき者のために、一切の私財を施し尽くされて、身は貧のどん底に落ちきられました。そしてある時は、ようやくの思いで手に入れた五合の米を、たまたま門口に立って食を乞う者に、なんの惜しげもなく与えられ、また寒さにふるえている者には、ご自分の身につけているはんてんを脱いで与えられました。そして淡々として、与えて喜び、捧《ささ》げて喜ぶご生涯をお通り下さったのであります。

この教祖のひながたの道を思わせて頂く時、私は、ああしてほしい、こうしてもらいたい、ああなったらという、求める心に喜びはなく、陽気ぐらしはない。いかにすれば人様が喜んで下さるかというように、相手の立場になって温かく思いやる心、この与える心に喜びが湧《わ》き、陽気ぐらしが与えられるのだ、と思います。

また「この道はそろばん伏せての道」とも聞かせて頂いております。私はかつて母から、「よいことをさせてもらって、人から褒《ほ》められたらそれでしまいや。お道の者はよいことをさせてもらって、それがたとえ受け取ってもらえなくとも、また逆にそしられ悪口を言われても、ニッコリと笑ってたんのうして喜んで通るところにこそ、そろばん伏せての道があり、いんねん納消《なっしょう》への道がある。よいことをして褒めてもらおうと思うのは欲の心の現れである」と聞かせて頂き、全くそうだと思わせて頂いたことがあります。

さらにまた、「貰《もら》って喜ぶのは乞食心、与えて喜ぶのは大名心」とも聞かせて頂きました。

欲にもいろいろな欲があります。食欲、色欲、強欲、権力欲、金の欲、心の欲、虚栄欲などありますが、世界の平和や世の明るさを破るのも、また兄弟夫婦の争いもすべて、こうした欲の心に起因しているのではないかと思います。

よくにきりないどろみづや　こゝろすみきれごくらくや　（十下り目　4）

私はこの一語こそ、不安のない、争いのない陽気ぐらしへの道を、平易に、そして簡明にお教え頂いているお言葉だと思います。

心の持ち方

人間誰も暗い心で日々をウツウツとして通りたいとは思いません。喜んで楽しく暮らしたいと思いながら、喜び得ないのであります。

喜べない日々に、どうして私はこうだろう、と自らの至らぬ心に苦しんで、不足の上にまた不足を重ねて通っている人があります。ちょうど、戸を閉めた暗い部屋に閉じこもって身動きもできないような状態です。窓を開いてご覧なさい。サンサンたる陽《ひ》の光は輝いており、万物はことごとく、喜びに躍り上がるような世界が開かれます。

話を聞かせて頂いて、かえって心が苦しんでいる人。話を聞かせて頂いたおかげで、心が解放されて楽々通っている人。どこかピントの合わせ方が違うのでしょう。

それは喜びたい心より、まず自ら喜べる理をつくることが大切です。だからお道では別席を運びなさい、教会へ日参なさいなどと勧めるわけですが、無条件に一つ一つ実行することによって喜べる理が出来るのです。

喜ぼうと思わなくても、野辺の花一輪見ても、ほほ笑むことができるようになります。

喜べないからといって享楽のとりこになったとすれば、一時的に楽しめるかもしれませんが、恩に恩が重なり、なお一層喜べない結果になります。

「思うまいと思うても思わずにおられんのがいんねん」とお諭し下されてありますが、こんなこと思うてはならないと思えば思うほど、かえって浮かんでくる。そうした自分の力でどうすることもできぬいんねん心というものは、誠に不幸な心の暗影です。

まず喜びを隣人に捧《ささ》げましょう。周囲に喜びを与えることによって、自らも喜べるようになれます。常に真実の心を運び、尽くすことによって、心についたいんねんをぬぐい去ることができるでしょう。有難い、もったいないという喜びの種をまけば喜びの花が咲き、喜びの実《み》を結ぶ。その実が地に落ちて、また喜びの芽をふくのです。

困った、弱ったという不足の種をまけば、不足の芽が出て、不足の花が咲き、不足の実がなる。その実が地に落ちて、あちこちから不足の芽が出て、また日々、不足不満の種をまく結果になるのです。

日々の心遣いが種です。「うれしいうれしいというは一粒万倍」とお諭し下されてある通りです。日々に「うれしい」という種をまかせて頂きましょう。

捨てることのむずかしさ

年頃の美しいお嬢さんがいます。なかなかの器量よしだけど、どうも縁遠い様子です。ご両親も家柄も申し分ないのに、間もなく三十の声を聞こうとしています。

お気の毒に思って、しかるべき方の縁談をお持ちしてみました。ご両親は泣いて喜ばれるようなご縁でしたが、結局、本人の気が進まないということで断られてしまったのです。

その後いろいろ聞かせて頂くうちに、本人がご自分の器量よしにとらわれていることが分かりました。「きりょう」が結婚するのでなく、人間が結婚するのだということを話して二年余り、それを納消《なっしょう》して頂いて、今は幸せな家庭の人です。

ある国立の有名大学を卒業した若者がいました。大学を卒業して五年間に四回の転職、今五回目の職を探しているというんです。

就職の世話を頼まれてお目にかかりましたら、二言目にはその大学の名が出てきますし、同期生で出世している友人の役職のことばかり、そして自分の今までの職場の上長が、いかに見る目のない人ばかりであったかの説明が延々と続くのです。

自分の頭のよさと、大学の名前にのみ執着している哀れな姿がありました。

その殻をたたきこわすべく修養科に入って頂きましたが、修了後、市役所の臨時雇員に飛び込んだのが始まりで、今では若手の課長さんです。


金持ちは金に執着し、貧乏人は貧乏に執着します。病気にとらわれている病人、馬や自転車や麻雀《マージャン》などのギャンブルに凝って家庭を潰《つぶ》す人、酒に溺《おぼ》れて身体《からだ》をこわす人、異性への執着を断てずに人生を誤る人………。考えてみますと、執着に負けて失意の底にうめき声をあげている人が、どれほどいることでしょうか。

教祖《おやさま》が貧のどん底を喜ぶというひながたを残されましたのは、単なる貧乏暮らしを仰せられたのではなく、こうした人間の心の執着を捨てる道をお教え下されたように思えてならないのです。

マッチ一本握りしめていても、手を合わせることはできません。合掌という祈りの姿の中に、何も持たない裸の心を教えられているように思うのであります。

徳一杯の人生

「酒なくて、なんの己が桜かな」と言われますが、「徳なくて、なんの己が命かな」と私は言いたいのです。

人間、この世に生まれて幸せに暮らし、長生きをしたいのは人の世の常であり、人としての本能であります。

幸せとは「思うことが、思うようになる」ことを言います。

不幸せとは「思うようにならぬこと」を言うのでしょう。

水は方円の器に添うと言います。コップにはコップ一杯の水しか入りませんが、水槽《すいそう》には水槽一杯の水が満ちます。

地球上に無限にある水も、自分の持つ器一杯が自分の水であります。

空気は無尽蔵にあるが、自分の空気は肺活量一杯の所有しか許されません。

幸せも地球の上には満ちあふれていますが、自分専用の幸せは、自分の持つ器に一杯しか与えられません。

幸福の入る器を徳と呼び、その人の持つ徳が生涯の幸・不幸を決することとなります。

幸福を求めるなら、幸福は探さなくともいいのであって、幸せを入れる徳という器を広げることだけ考えればよいのです。

徳さえ積んで、徳が拡大し、徳が充溢《じゅういつ》すれば、幸福は、向こうから訪れてきて一杯になります。まさに人生は徳によって勝負が決まる、徳一杯の人生のゆえんは、ここにあるのです。

徳を積む、それはひのきしんの実動と考えたらよいのです。

みかぐらうたを拝読する時、ひのきしんの神言が痛いほど強く胸を打ちますが、それこそ、親心あふれる幸福への最短距離を示されているものと言えましょう。

ひのきしん！　それはにをいがけ・おたすけ、つくし・はこびを実動することです。

一人の別席者、一人の修養科生、一人のおぢば帰り、それをご守護頂くために、力の限り真実を捧《ささ》げたら、立派に徳が積めるのであります。

欲を忘れてひのきしん

お互い日々を無事無難にお連れ通り頂いている喜び、また、身上・事情の悩みがあっても、大難を小難に、小難を無難にお連れ通り頂いていることを思えば、言い知れぬ信仰の喜びが湧《わ》いてきます。この親神様のご高恩に何からでもお報いさせて頂きたいと、それが行いに現れる時、それはすべてひのきしんであります。

普通、人間にはわが身思案の心、わが身中心の欲の心があるものですが、たとえ一時的にしろ、その欲を忘れてひのきしんに励んだならば、やがてそれが肥となって、銘々の暮らしに麗しい実を結ぶこととなるのであります。

ところで、ひのきしんを広い意味で考えてみましょう。言葉の使い方において、欲とは人をそしることであり、ひのきしんとは人を褒《ほ》めることであります。親が子を、子が親を褒め、夫が妻を、妻が夫を褒め、姑《しゅうとめ》が嫁を、嫁が姑を褒めるように、お互いに相手を褒め合う姿、お互いに感謝し合う姿、こんな麗しい姿はありません。これこそ、陽気ぐらしに近づく姿ではないでしょうか。

ところが実際は、人を褒めることは意外に少なく、反対に、人をそしったりくさしたりすることのあまりに多いのに気づきませんか？　自分自身を振り返ってみて、今日一日、人様を褒めたことが多いか、反対に、人をそしったことが多いか考えてみましょう。

今、水の少し入ったお盆を手に持ってみましょう。欲の心、すなわち人をそしる心は相手を見下げ、自分は高ぶるのですから、お盆の向こう側は下がり、こちら側は上がってきます。するとお盆の水はみんな向こうへ行ってしまいます。これは、親神様から頂く徳はみんな向こうさんへ行ってしまって、自分には何も頂けないということであります。

反対に、人様を褒める心は、相手を見上げ、自分はへりくだる心ですから、お盆の手前が下がります。すると、お盆の水はみんなこっちへ集まってきます。すなわち求めずともお徳が頂けるのであります。

「なくて七癖《くせ》あって四十八癖」というように、人間には多かれ少なかれ悪い癖がありますが、半面、誰にでも長所があります。その長所を見いだすことです。

「人は神やで」とお聞かせ頂いております。人様を褒めることは、親神様のお喜び下さるところであります。

健康のありがたさが本当に分かるためには

「先生、病気になって初めて健康の有難さが分かりました」

職業柄、病室でよく聞く言葉です。入院したほとんどの方が一度は口にします。

こういう方は、次に、

「健康になったら、今度こそは、一日一日を大切にします」

と言われます。けれども、幸い元気になって退院すると、入院中に味わった健康の喜びはどこかに行ってしまって、現実の社会の苦闘の中で、とかく不平不満やおそれの中に多くの時を過ごしてしまうことが多いようです。

そんな時、私はしばしば次のように申し上げます。

「病気になって健康の有難さが分かる人というのは、今、病気で寝ていても歩いて便所に行くことができる、歩くことができなくてベッドに寝たきりの人に比べれば有難いことだと、心から感謝できる人です。あなたは今、心から今の自分を喜ぶことができますか」

患者さんはいたずらっぽい顔をして、てれくさそうにニヤッと笑うのが常です。

それではベッドに寝たきりの人はどうするのでしょうか。私はその時に申します。

「あなたは寝たきりだが、人に世話をしてもらいながら、ベッドの上に座ってご飯を食べることができるではありませんか。話すこともできる。今のこの瞬間を喜ぶことができる人だけが、健康になった時に素直に健康を喜ぶことができるのです。今を喜ぶことができない人は、健康になったとしても、それを素直に喜ぶことはできずに、さらにいろいろなことに不満が出てくるに違いありません」

するとと患者さんは必ずこう言います。

「その通りだと思います。でも、理屈では分かっても、なかなかそうなれないのです」

私はすかさず申します。

「理屈で分かっているからダメなんです、実践で分からねば。実践とは、歩ける人は歩けない人の世話をする。話すことができる人は寝たきりの人に優しい励ましの言葉をかける。身動きできず、ものも言えない人でも、心の中で一生懸命、同室の患者さんのことを祈ることができる。すなわち、一瞬一瞬を、どんな状況のもとでも他人のために生きる。これが信仰の世界での修行であり、その中にのみ、本当の生きる喜びがあるのです」

ほこりを払う道

親神様は世界一れつの陽気ぐらしを望みとして、人間世界を創造されました。ですから、人は誰しも苦しみを避け、幸せを求めたいと願っております。

ところが人間は、心遣いの自由を許されておりますから、いたずらに、わが身わが家の幸せを願うあまり、自分の利害、苦楽にとらわれて、他の人々との調和を忘れ、世界一れつの和楽を望まれる親心にもとる心を使いやすいものです。このような心を埃《ほこり》にたとえて教えておられるのです。

では、ほこりと表現されましたのは、どのような思惑からなのでしょうか。

それは何よりも、埃は掃除さえすれば綺麗《きれい》に払うことができるということです。掃いても拭《ふ》いても、どのようにしても除くことができない頑固な〝しみ〟のようなものではなく、払えば取れるのが埃なのです。

それと同じように心のほこりも、努力すれば払えて、美しくすることができる。すなわち、誰でも救われる可能性を持っており、長い年限がかかろうとも、やがて陽気ぐらしの理想が、この地上で実現することを教えておられます。

また何にでも、いつでも積もるのが埃でありま す。しかも、積もる時の様子は人間の目には見えないものです。そして油断すると、いつしか白く積んでくるのが埃の性質ですが、ちょうど人間の心のほこりも同じで、ほこりのない人間は一人もいないのであり、しかも知らず知らずに積んでいることが多いのです。

そこで親神様は、教えの理に照らして自分の心を反省し、いつもほこりを払う努力をしておれば、心は澄んで、恵みを受け、陽気に暮らすことができると教えられたのです。その反省のよすがとして「八つのほこり」とか、嘘《うそ》、追従《ついしょう》、陰口、勝手、無理等々の角《かど》目《め》を示し、一れつ人間の胸の掃除を急《せ》いておられるのであります。

私たちはとかく法律とか道徳といったものが基準になりやすく、法に触れなければよい、道徳や慣習に反しなければよいように思い、誤りやすいのですが、そうではなくて、親神様の教えに照らし、その思召《おぼしめし》に反しないよう、思惑に添いきって努力することが、正しく尊い道であることを、はっきりと思わねばなりません。神を箒《ほうき》として胸の掃除をするようとのお言葉は、このことを意味されておるのであります。

夫婦という一つの道

夫婦生活は人生のあらゆる面の基盤をなすものですが、人は、この問題を案外おろそかにしているようです。ほかの面では相当工夫をしたり、また努力も重ねていますが、夫婦のあり方については、苦しんでいる割合に、その根本問題を追求しようとする人は少なく、ただ諦《あきら》めの境地で暮らしている方々が多いようです。

親神様は夫婦の理合いを、「二つ一つ」と教えられました。

片方だけではまとまりのつかないものが、二つ組み合わされて、初めて一つの「はたらき」をするということです。

この世に許されて生かされている相異なる性別の、相異なる生き方の二人が、結ばれて夫婦になるということは、すなわち夫婦という一つの「はたらき」を生きることです。

一つの「はたらき」とは、相反するものが互いに相手を生かし合い、たすけ合いをすることで、例えば買う人、売る人という正反対の立場の人が、取引という一つのことに結ばれて、相手の目的を生かし合い、喜び合うように、この世はすべて相反するものが組み合わされて成り立っています。

土瓶の蓋《ふた》と身、靴の左右、鴨居《かもい》と敷居、天と地、夜と昼のそれぞれを見ますと、二つの相異なる姿ですが、本質的には一つのものであり、表裏一体で、一つの「はたらき」をしていることを知るならば、夫と妻とは、夫婦という一つの道を生きる中の二人であることを知らねばなりません。

戸籍を一つにして、同じ屋根の下に生活しても、この理合いを知らぬ夫婦は、法的には認められても、それは男女の共同生活であると申しても過言ではないと思います。

従って真の夫婦道を生きるうえには、たとえば妻から見て夫の欠点というのは、あり得ないのであって、それはあくまでも夫婦の欠点であり、妻の長所はまた夫婦の長所であることを知らねばなりません。いつの場合でも「夫婦は一つ」の立場で、ものを見たり考えたりしてゆくべきであると思います。

夫こそ妻の、また妻こそ夫のいのちであることを知るならば、真の夫婦生活とは二人の生命を一つに生きることから始められるもので、ここから輝かしい二人の金字塔が築かれてゆくのは間違いないことです。

一分八間

見上げるような大男といっても、せいぜい普通人の一割か二割の違いです。仮に日本人の背丈の平均を五尺五寸（約一・六七メートル）として、一割高ければ、六尺五分（約一・八三メートル）です。六尺ならば大男です。二割高ければ、六尺六寸（約二メートル）で、まさに雲つくような大男と言えましょう。

しかし、決して並の人の倍もあるわけではありません。

すぐれた人といっても、私たちより倍も三倍も違った頭脳や能力を持っているわけではなく、日常生活における心遣いや行いが、ほんのちょっとすぐれているだけです。

朝、三十分早く起きるか、出勤が人より十分早いか、頭の下げ方がちょっと低いか、ありがとうと、ひとこと言葉を添えるか、決められた仕事のほかに少し多く勤めるか、人よりわずかばかり努力の出し方が多いか、ただ、それだけのことです。

そのほんの少しが、人の運命を、雲泥のように隔て、月とスッポンの差をつくります。「隣に蔵が建てば、内では腹が立つ」と申します。

人の成功を、わがことのように共に喜び得るか、そねみ、うらやむか。

人の欠点を、かばうか、あばくか。

人を褒《ほ》めるか、けなすか。

軽い湯飲みを両手に捧《ささ》げ持って重く頂く人、重い理や言葉を軽く受け流す粗末な態度の人。

こうした日常の些細《ささい》な心遣いや行いが、その人の将来の運命を決めます。

いんねんの立て替わる境界線が、そこにあるのです。

「一分《いちぶ》八間《はちけん》」という言葉があります。

手元一分（約三ミリ）の狂いが、末では八間（約一四・五メートル）の差を生じるというのです。これを思えば、今一刻の心の使い方、言葉の出し方、その行動が、いかに重大であるかが、うかがわれます。

陽気ぐらしの第一歩

親神様は陽気ぐらしを見て共に楽しみたいとの思召《おぼしめし》から人間をお造り下された、陽気ぐらしこそ人間生活の目標である、とお聞かせ頂いています。

毎日毎日がうれしくて、こんな楽しい、有難い生活はないと日々が喜べる生活こそ、陽気ぐらしの生活だと思いますが、これは容易なことではなくて、むしろ一番むずかしい、また一番大事なことではなかろうかとさえ思われるのです。

「あなたの生活には喜びがない、もっと喜びなさい」と、よく言われます。しかし、ただ喜びなさいと言われたからとて、喜べるものではありません。誰しも喜びの日々が通りたいのは当然です。けれども実際には、なかなか喜べない事柄が多いのです。

それならどうすれば喜べるかということですが、喜びの生活は、まず人様に喜んで頂くことを第一とすることです。人様に喜んで頂けることを一つでも進んでさせて頂くことが、自分が喜べるもとになるのです。嫁姑《しゅうとめ》の間においても、どうしたらお母さんに喜んでもらえるかと、一つでも進んでそれをさせて頂くことが、自分が喜べるもとになるのです。

どんなよいことでも、言われてするのは決して喜びにはならないものです。いつでしたか、都電の混雑した車中で座席に深々と腰をかけながら本を読んでいた時のことです。突然、私の前に立っていた一人の見知らぬ人が、私の胸のバッジをつつきながら、「もしもし、あなたは天理教の人ですね。君の前に足の不自由な人が立っているではないか。宗教家なら立って代わってやりたまえ」と、言葉荒々しく言われたのでした。

見れば私の前には松葉杖《づえ》をついた足の不自由な人が、混雑にもまれて立っていました。私は本を読んでいたため少しも気がつきませんでしたので、早速立ってその人に座って頂きました。しかし、私には何だかすっきりしない感情が残って、その場にいるのが耐えられないくらいに思えてきたのでした。

自ら進んで席を代わってあげれば、「ありがとう」の一言にも何となくうれしいような、気持ちのよい感情が湧《わ》いてくるものです。ところが、同じ行為ながら言われてしたのでは、申し訳ない気持ちにさえなるものです。喜びもまた、進んで人に喜びを与えよ、しからば与えられん、と申したいのです。陽気ぐらしは日々の些細《ささい》な喜びの積み重ねから生まれてくるものです。

恩を知る

ある小学校の校長先生が児童に「恩とはどういうことか」と聞いたところ、「それはスイッチを入れることです」と答えたという。笑い話のようですが、これが現代の世相を表していると言っても過言でないようであります。現代教育の中では「恩」を教えてもらうこともないでしょうし、「恩」を知らない人たちが多いのは困ったことであります。

伊豆の国　蛭ヶ小島《ひるがこじま》の甘酒は　喉元《のど》過ぎれば熱さ忘るる

の狂歌は、今なおよく耳にする歌であります。

源頼朝が平治の乱で幼少にして伊豆の韮山《にらやま》、蛭ヶ小島に流された時、誰一人顧みる者がなかった中に、ただ一人甘酒屋の主人が、頼朝に甘酒を振る舞いながら何度となく励ましました。頼朝にとっては、その主人が神のようにも思われて「自分が世に打って出たら、このご恩は必ず……」などと、大いにその主人を徳としていました。

時来《きた》って頼朝は旗上げし、ついには鎌倉に幕府を開き征夷大将軍《せいいたいしょうぐん》となりました。それをわがことのように喜んだ主人が将軍を訪ねたところ、そんな素性の者は一面識なしと言って主人を追い返しました。その時に主人が歌ったのが、この歌であったと聞いております。恩を知る者、恩に報じる者には天が味方しますが、哀れ亡恩の徒、頼朝の一生は、猜疑《さいぎ》心が強く、義経、範頼の肉親をはじめ多くの功臣を殺して、皆さんの知られるように誠に気の毒な運命に終わったのであります。

お道では火・水・風を神の理と申しておりますが、この火水風の恩恵を受けて万物が生成発展し、国家が発達し、社会が存在し、私たち人間一人ひとりがあるのであります。私たちは神の恩、国の恩、社会の恩、親の恩に包まれて、今日の自分が成り立っていることを深く知るべきなのです。「恩を知ったら難儀ささん。なれど恩を忘れるから落ちんならん」と聞かせて頂いておりますが、人間をお造り下された親神様のご恩、そしてそのご恩を教えて下された教祖《おやさま》に、また教祖から受けたご恩に報いる道を歩まれた霊《みたま》様、先輩先生方に対して、朝夕感謝の祈りを捧《ささ》げていくとともに、報恩の道を歩むことを教えられています。感謝のことをたんのうの日々と申し、報恩一路のことをひのきしんと言い、この二つが一つになったことを誠真実と申しておるのであります。

健康長寿の秘訣

人生における最大の幸福は健康にあります。金や物に恵まれることも、家庭が円満であることも幸福には違いありませんが、この三つのうち、どれを選ぶかといえば、おそらく大部分の人が健康と答えることと思います。

ところが近年、医薬が発達しても病人は減らない。病院は常に満員です。

天理教の教えに、かしもの・かりものという教理があります。それは「人間の身体《からだ》は親神様によってお造り頂いたもので、親神様のかしもの、人間から見ればかりものである」という意味です。

親神様は陽気ぐらしの世界をつくるために人間をお造り下された、と聞かせて頂きます。

従って、かりものの身体が健康であるということは陽気ぐらしにつながり、身体をお貸し下された親神様の思召《おぼしめし》に適《かな》うことになるのです。

それなのに、なぜ病気をする人がたくさんあるのか、それは陽気ぐらしの妨げになる何物かがあるからです。

お道では、これをほこりの心と教えています。つまり心遣い一つで健康にもなれば病気にもなるのです。それを教祖《おやさま》は「病の元は心から」とお教え下さいました。陽気ぐらしになれるような心とは、世のため人のためになるような心遣い、親神様がご覧になって、この人を健康で置くことが陽気ぐらしの世の建設に役立つと認めて頂くような心遣いです。

私は幼少の頃からあまり健康ではありませんでした。学生時代、海外旅行に行った時も、医者から心臓が肥大していると言われ、戦時中、炭鉱へひのきしん隊に出動した時も、心臓弁膜症と診断されました。

しかし、人だすけのご用をつとめさせて頂くうちに、だんだん健康になり、現在では年齢の割に健康で、若々しいと言われるようになったのは、親神様が教祖の道具衆としてお使い下さっているからだと信じています。

学生時代の海外旅行から五十年経《た》ちましたが、同行した九人のうち健在でいるのは、わずか二人だけとなりました。

親神様にもたれてご用をつとめさせて頂く心こそ、健康長寿の秘訣《ひけつ》であると信じます。

親という理を戴く

「親という理戴《いただ》くなら、いつも同じ晴天」と教えて下さいます。晴れたお天気は気持ちのよいもので、何をするにも都合がよい。畑仕事にも、旅行にもよい。結婚式はなおよい。お葬式だって晴れた日の方がよい。つまり晴天の日は思うことが思うようにできるのです。人間生活で、思うことが思うようにできる人が幸せな人と言えるのでしょう。金がほしいなあと思った時に与えられる、人手がほしいなあと思った時に人が集まる。思い通りに叶《かな》う人が幸せな人であり、晴天の運命に恵まれた人であります。

そんな幸せなよい運命に恵まれる人は、親という理を押し戴いて通ってきた人です。親という理は、親神様はもちろん、生みの親、育ての親、義理の親、導きの恩人、仕事を仕込んでもらった恩人――恩人という理は、すべて親であります。若い時から親という理を押し戴いて通ってきた人は、老年になって晴天の運命に恵まれる幸せな人であります。押し戴くのだから大切にする、忠告をよく守り、言わん言えんの理を聞き分けて親の思いに沿いきる心が戴く理になります。

反対に、親という理を戴かなかったらどうなるか。雨の日に傘なしで通る運命が来ます。これは最も情けない姿です。

私は戦後、シベリアで二年間、抑留生活を送りました。捕虜の悲しさ、雨が降っても作業は休めません。シトシトと降る中で朝から鉄道作業の重労働です。雨は容赦なく着たきり雀《すずめ》の身体《からだ》を濡《ぬ》らし、シャツも褌《ふんどし》もベトベトになって、しずくが靴の中にたまって、歩くたびにグチョグチョと音が鳴る。情けないことといったら、これ以上のものはないでしょう。私は経験済みだから身に染みて分かります。

年老いて、さあこれから老後を安楽に暮らそうと思う時、いつまでも苦労が絶えない、死ぬまで苦労がつきまとう人、そんな苦労は大抵は子供のための苦労です。子供が不治の病気になるとか、世間に顔向けができないことをしでかすとか、親の思いに沿わないとか、親を裏切るとか、とにかく子供で苦労の絶えない人、これは若い時から親という理を押し戴かなかった通り返しの運命と思って、まず間違いありません。年老いて子供での苦労は最高に情けないものです。雨降りに傘なしで通る情けない思いをしないで済むように、親という理を戴く通り方を心したいものです。

信心の姿勢と態度について

なまはんかな人に限って、信仰は女房のするものくらいに思っています。そういう種類の一人のサラリーマンが、たまの日曜日に女房に誘われて、朝参りに参拝に来られました。初対面の挨拶《あいさつ》のあと、「信心は有難いものですな。おかげさまで、うちの家内も近ごろは本当に変わり、有難いと思っています。私もこれからは、ちょいちょいお参りして、会長様の朝席などを聞かせて頂き、一つ、天理教のよいところを取り入れて、大いに修養したいと存じます」などと言うのであります。

私が、吹き出したいのをこらえて、ニヤニヤしていますと、「何かおかしいですか」と尋ねますから、「それは修養にはなりません」と答えました。そして、「天理教のよいところを取り入れると言われますが、よいと決めるのは誰が決めるのですか」と問うと、「まあ自分の感じたところでしょう」と答えるのです。そこで私は、次のようにお話しさせて頂きました。

「そうすると、よいと感じるあなたに合わせるわけでしょう。なんぼ取り入れたつもりでも、土台となるあなた自体は変わっていないのですから修養にはなりません。そんな信心を何十年続けても、信心の効き目は現れません。その程度の小手先のわざでは、運命の転換など思いもよりませんね。

信心というのは、その取り入れるという自分を洗い直すことですから、自分自身が根底からひっくりかえるのでなければならんのです。ですから、よいと思うところより、むしろ、いやなところをよけい取り入れなければダメです。まあ一種の自己革命です。

『ちょとはなし、神の言うこと聞いてくれ』とおっしゃる、その親神様の声を、全く己をむなしゅうして、謙虚に素直に胸に治める。そこから始まるのが、この道の信心です。ですから、聞く態度が大切なんです。なまじっかの知恵や学問が鼻にかかって、自分の人生観や哲学を先に立てて取り入れてみても、その土台になっている自分が問題です。その土台がダメなら、キバッてみても到底たすかりません。我流の浅悟りの哀れさです。

こざかしい、高慢な知恵や我《が》を捨てて、親神様の前にひれ伏して、親の声を聞くのです。そこで、自分は生まれ更《か》わって、本当の自分が新しく目覚める。親神様の子としての自分の誕生です。そこから一切が始まるのです」

徳を生かして

私どもは、親神様からそれぞれに徳分の備わった身体《からだ》をお貸し与え頂いております。なかでも男性は女性よりも、力という面ではすぐれた徳分をお与え頂いております。また女の方は男の人よりも、一層まさる優しさという面の天分を頂いております。

ところが、せっかくそれぞれに恩恵を頂いておりながら、もし男の人が健康であるにもかかわらず、チリ一つ拾うのさえ面倒がったり、ハシをとるのさえおっくうに思うような生来の怠け者であれば、生活面でその特性を発揮する時がないでありましょう。

また女の人が日々の暮らしの中で、何かにつけ不足やグチを言うて、いらだったり怒ったりしていては、生まれついての優しい徳分を、いつ、どの場面で表現していくことができましょうか。

せっかく親神様が徳分を身につけて、この世に生まれ出させて下さっているのに、その特性を生活の中で現すことができないということは、まさに、この世の中で既に徳を落としている姿であります。

このような心遣いや行為が、親神様の思召《おぼしめし》に沿わぬところから、身上や事情の上に印をつけられるところとなって、やがては力を出そうにも、もはや病床に伏せて出すことができなくなったり、また優しい気持ちになれた時は、既に悲しみの言葉、苦しみの声しか出せなくなってしまったりいたします。こんな悲しい目に遭《あ》いたくないものですね。

「めいめい通っただけの道は通らにゃならん」とお教え下されております。おそらく人は皆、苦しみの人生は通りたくない、苦しみの道は味わいたくないと思うでありましょう。そうであれば、私どもは、日参をし、神様の前で心静かに自らを省み、求めてお道のお話を聞かせて頂いて、思召に沿えなかった点を日々反省し、明日に希望をつないで、心新たに勇んで通らせて頂くところに、自らの身に与わった徳を落とさぬばかりか、さらには生かすことができるのであります。

これは一例に過ぎませんが、日々の生活の中で、せっかく備えついている徳を生かしきれなかったり、踏みにじったりしているような場合が、よくあるのではないでしょうか。

私どもは自らの徳を知ることによって、感謝の気持ちが湧《わ》き、魂を豊かにし、そこに運命を太らせ、生命を永らえさせるご守護を頂くことができるのではないでしょうか。

病を越える心

教祖八十年祭が美《うるわ》しく勤め終えられた直後、三年千日の苦労をお互いにねぎらい合い、次の九十年祭へ新たな心でスタートをきろう……と、教会の役員を連れて一泊旅行に出掛けた時のことです。

私の教会の役員は、なかなかの酒豪が揃《そろ》っていますが、いまだかつて酒で間違いを起こしたり、喧嘩《けんか》口論をしたりする人は一人もなく、いかに長時間の酒席が続いていても、実に楽しい雰囲気を保てることが、私たちの教会の自慢の種でもありました。なにせ十年に一遍のみんな揃っての旅というので、まるで小学生の修学旅行のような気分で汽車に乗り込み、三年千日のあれこれを話し合い、北陸の温泉につかって何とも言えぬくつろいだ気分になり、一同揃って夕餉《ゆうげ》の席に着きました。

その時、ある役員が「会長さん、私は自分のお預かりしている教会から、毎月この北陸路を通って上級教会へ何十遍となく運ばせて頂いたが、一遍も温泉地に降りたことなく、いつも横目で素通りしてきました。温泉というのは、こんなにいいものだと初めて分かりました」と言うのです。この役員、その夜は平素の数倍も酒量を重ねたことでしょうか。

意気揚々として翌日、現地で解散、それぞれの帰路に就きましたが、この役員は帰りの汽車の中で突然、右手がきかなくなりました。中風の発作です。同僚の役員と二人連れでしたので、すぐ自分の教会へ知らせ、大騒ぎになりました。常日頃、夫である会長の身を案じていた奥さんは、驚きのあまり、上級の会長さんがおだてるもんだからお酒を飲みすぎて……と、恨んだ気持ちで夫の帰りを待ちうけていました。

かなり遠い乗換駅からタクシーで教会へ運ばれてきたその会長は、オロオロしている奥さんや教会の人々に対して、教会の玄関に着くなり大声で右手を指して宣言しました。

「Y子、おまえは、おれのところに嫁に来てから四十年、おれを本当に喜ばせてくれたことがあるか。上級の会長さんは、おれを中風にするほど喜ばせてくれたぞ」

この一言に続いて、この会長夫妻は神前にぬかずいて涙を流し合ったのでした。それから約一週間でご守護を頂きました。

「恨み、くやんでいたら、もうとっくに生命《いのち》もなかったでしょうに……」と、その日のことをいつも回想しながら、この九十年祭のご用をしっかりつとめてくれました。

女は台

京都で布教を始めて三年ほど経《た》った頃、理の親のお世話で嫁さんが与わったが、間もなく一度実家へ帰りたいと言って里帰りしました。家内の帰ったあと、四畳半と二畳の布教所の畳に横になって、神様の方を見るともなく見ているうちに、フトこう思ったのです。総桐《そうぎり》の立派なタンスがデンと居座っているその横に、小さい神様が祀《まつ》ってある。こら、神様を拝んでいるのか、タンスを拝んでいるのか分からんな。待てよ。このタンスの中には、嫁はんの着物や帯が一杯つまっているんやが、そのうちに一枚旅費になり、一枚米に化けするやろう。そんなむごいことはできんなあ。と言って、今さら働きに出ることもできんし……、と考えているうちに、そうだ、と早速古着屋と古道具屋を呼んできました。

まず古着屋が来て、「ほう、これをみな売りなさるのですか。新しい物ばかりやから、踏んばります」と言って値ぶみをし、二十二円で買うと言います。値段はどうでもよい。「ウンウン、いくらでもよいよ。それで結構」と言うと、気の変わらぬうちにと、早速持って帰りました。次に古道具屋が来て、「ほう、立派なタンスですな。十三円でいかがでしょう」と、これも持って帰りました。

すっかりなくなって、小さい神様が急に大きくなって下さったように思いながら、広くなった四畳半に長々と寝そべりました。

二、三日して嫁はんから手紙が来ました。間もなく帰りますという知らせ。それを見て初めて事の重大さに気付きました。こら、えらいことをしてしまった。留守中にタンスも着物もなくなっておれば、到底家にはいてくれないだろう……。

とつおいつ思案しているうちに当日が来て、「ただいま」と言って嫁はんが帰ってきました。そして神様を拝んでキョロキョロして、「タンス、どこへ置いて下さったん」と聞く。「ウン、あれ大きすぎるんで売っといた」「へェー、それでは着物はどこです」「それも付けて売っといた」と返事をし、「スマン、許してくれ」と言うと、茫然《ぼうぜん》としていた嫁はんは、ヘナヘナと倒れそうになりながら、やがてただ一言、

「私に徳がなかったのやな」

つぶやくように言った、この一言で今日の教会があり、私があるのです。

〝女は台〟。神様は誠に人生の機微を教えて下さっています。有難いことです。

何を頼りに

私の親類にTという人がありました。彼は裸一貫から粒々辛苦して財産を作り上げ、借家や土地をたくさん持ち、名誉職の数も十指を折っても足らぬくらいの成功者になりました。ところが、成功した人の常として自尊心がいたって強く、なかなかの頑固者で、人の言うことなど絶対に聞きません。おれの言うことは絶対間違いないと、自分の言い分はどこまでも通さねばという強い性質で、世間の人は彼を「司令官」とあだなしました。

ところが、この司令官にも一つの悩みがありました。それは、ただ一人の跡取り息子が極道者で、司令官の命令も、どうすることもできなかったことです。

ある日、天理教嫌いのTが私の教会に来て、神前で長い間、頭を下げています。私はふしぎに思いました。彼は元気のない顔付きで「おれは子供の頃、親が金で苦しんでいたので、金がないのは首がないのと同様やと思って、一生懸命、働いて働いて働き抜いてやってきた。ようやくこれから楽をしようという時に、息子が極道しくさって、このおれを苦しめている。その日暮らしなら、誰がどうしようが何とも思わないが、若い時からの苦労を思えば血の涙が出る。考えてみると、なまじっか物や金があるから心配なんじゃ。おれは若い時からこの苦しみの種をためてきたようなものや」と言って、一人息子を廃嫡した司令官は、老いの目に涙さえためていました。

彼はその時、肺えそ（肺化膿《かのう》症）にかかっていました。人の世の荒波を乗り越えてきたこの成功者は、本当の成功者ではなかったのです。心の安住の世界さえない彼は、真の成功者とは言えない。彼は諦《あきら》めきれぬ思いをこの世に残して、ついに出直しました。

頼りにと思って蓄えた金が、頼りにならず苦しみの種になり、果ては跡取り息子をさえ頼りない者にしてしまった「金」ではあります。

彼は自分の力に頼り「金」に頼って、頼る所を失ってしまいました。物に頼って物を失い、人に頼って人を失った者は、この世を無常と嘆じ、生きることさえわびしくなります。「君は何を頼りに生きている」と、もしも問う人あるなら、私は即座に、天の差引勘定は一寸一分の狂いもないと教えられている、その天の理を頼りに生きている、と答えたい。

物を生かせば物に恵まれ、人を生かせば人に生かされます。これは天理です。教祖《おやさま》は、人たすけたらわが身たすかると教えられました。ここに安住の世界があるのです。

ご利益とは何か

よく「信仰すれば必ずご利益《りやく》を頂くことができるか」と質問を受けます。私は「正しい信仰をする者には、ご利益あるは必定です」と申します。これは私の抱く確信です。

ご利益あればこそ信仰をする意義も価値もあります。信仰してもご利益があるやなきや分からんような頼りない信仰は、最初からしない方がよい。信仰する限り万人が万人ことごとくご利益を頂けてこそ安心できます。これほど確かなものは、ほかにありません。私はかく信ずるがゆえに、何人《なにびと》にもこの信仰をお勧めするのです。

ご利益とは何か。病気にならぬとか、商売が不況にならぬとか、水害災難に遭《あ》わぬとか、子供が授かるとかいうようなご利益を言うのではありません。病気になろうが、商売に失敗しようが、いかなる災難の中からも、親神様のご守護と慈悲を悟り、勇気百倍さんげと感謝の念に燃えたら、歓喜と陽気に満ちた心が開眼する。不幸に出合おうとも、その中から勇み立つ喜びと希望の力を与えられる。これほど確かなご利益はありません。その底知れぬ開眼の力を信仰のご利益と言うのであります。

この信仰のご利益こそ、火にも焼けず水にも流れず、ほかからも奪われることもない、各自の胸の中に宿る生涯の宝です。信仰とは心の眼を開くことです。

教祖《おやさま》は「人が勇めば、神も勇む」と仰せられています。人も勇み神も勇む生き方・暮らし方、これが陽気ぐらしです。

人間の一生には、思わぬ不幸や思わぬ幸せにめぐり合う場合があります。信仰することによって、自分の都合のいいことばかり来るものと考えては、チト虫がよすぎます。

教祖五十年の歩みは平々坦々《へいへいたんたん》な道ではありませんでした。むしろご苦労の連続であったと言えます。しかし教祖のお心は常に明るく、身をもって私どもにひながたの道をお示し下さいました。

「ひながたの道を通らねばひながた要《い》らん」と仰せ頂いています。陽気ぐらしへの道ともお教え下さいました。ご守護というものは、各人の心の内に頂くものです。それを成人とも言われます。肉眼にこそ見えないが、心の内に培われた力が不動の道なのです。

「病の元は心から」と仰せられますが、「健康の元は心から」とも言えます。それを実施するのが、この道の信心です。

成人の道

——天理教の信仰のあり方——

キリスト者の方が、ある動機でにをいをかけられて私の教会に参ってこられ、「お祈りの時間は」と尋ねられました。「天理教ではお祈りとは言わずおつとめと申します。ここの教会では年中、朝七時と夕七時、おぢば（本部）では、朝は日の出、夕は日の入りの時間に勤められます」と答えましたら、その翌日から毎朝おつとめの時間に来られるので、さすがキリスト教で長い年月信仰の修練をしたお人だと感心しました。

大勢の信者の方々が朝づとめに運んでこられ、内外の掃除、片付けなど、いろいろひのきしんをされます。この人だけポツンと参拝席に座っていましたが、ある日、「皆さんがなれなれしく働いておられるので、教役者《きょうえきしゃ》（教会布教の専務者）だと思っていましたが、だんだん聞いてみますと、私と同様ご商売の方、会社勤務の方が、ほとんどのようです。私も何か奉仕していいのでしょうか」と言われます。そこで私は答えました。

「天理教の信者が教会に参られて、誰に頼まれるのでもなく、箒《ほうき》や雑巾《ぞうきん》を持ち、何か探してまで働いていますが、これをこの道ではひのきしんと申します。神に奉仕することをひのきしんと申しますが、その心を世の中のすべてに及ぼして、職場にあっても家庭においてもひのきしんの行い、その態度を堅持しているのが、天理教の信仰です。

天理教の信仰は親（神）につとめ、親に尽くすことをモットーとしています。それは親に頼む、願う、まして、せがむような信仰ではないのでありまして、親の手助けをするのです。親の心をくみ取るようになって、ついには親が頼りにするまでの神の子、よふぼくとなることを念じているのであります。それが心の成人です。

『……成人次第見えてくるぞや』とのお言葉があります。親（神）が分かる、神を見る、それが信仰の醍醐味《だいごみ》であり歓喜であります。

成人せずに、ただ物の世界、形の世界を望むのは、子供が宝石を手にしようとするようなもので、世間は許さず、一時の玩具《おもちゃ》でたちまち取り上げなければなりません。私どもの永遠の幸せはこの心の成人によるのです。そう思う時、親（神）にただ祈ればよいのではなく、つとめる心、尽くす心が大切でありましょう。天理教は成人の信仰なのであります。

神につとめるひのきしん。ひのきしんは〝物種〟とも〝肥〟とも言われています」と。

このキリスト者は、この信仰の歩みを感激で進まれ、お道のよふぼくとなられました。

尽くした理は末代

人間は出直したら、水と土とになります。アフリカの砂漠の王様は、それではたまらぬ、何とかして無にはなりたくないと、ピラミッドを作り、ミイラを製作する方法を考えましたが、やはり同じようなものです。

それでは何もかもなくなるのかというと、決してそうではありません。

今度は逆に、人間の誕生について考えてみましょう。人間は生まれてくる時は、みんな裸です。また、現代では人間はみんな平等だ、と言われています。しかし本当に平等でしょうか？

プロ野球のホームランバッターになりたいと、普通の人がいくら練習しても、ちょっと無理な話です。学校の成績一つにしても、努力したらみんな素晴らしい成績が取れるかというと、そうはいきません。生まれつきの素質、天分というのがあるのは事実です。

そんな極端な話は別にしても、ぜひ一人赤ん坊をほしい、という家に生まれるのと、絶対に赤ん坊なんかほしくない、という家に生まれるのとでは、ずいぶん差があります。

ですから、今生だけを考えるなら、人間は生まれつき、ずいぶん不平等だ、と言えそうです。

教祖《おやさま》はこれについて、人間には前生があるのだ、と教えて下さいました。生まれつき不平等があるように見えるのは、前生の徳・不徳があるからだ、と教えて下さったのではないかと思うのです。ですから今度は逆に、今生で徳を積んでおくと、来生は徳を持った魂として生まれてくることができるのです。

このことを教祖は「尽くした理は末代」という言葉で教えて下さいました。

どれほど銀行に預金があり、金銀財宝を持っていても、出直す時には持ってゆけません。しかしこの世で、人のため、世のために尽くしたよい種は、すべてその人の徳となります。そして生まれ更《か》わってくる時には、その徳を持った人間として生まれ更わってくると思うのです。

こう教えて頂くと、実に頼もしい喜びを与えられます。

必要な時に、必要な物を与えられる徳、生まれ更わる時にもなくなってしまわない徳を、しっかり伏せ込ませて頂きましょう。

〝たすかる〟とは

〝たすける〟〝たすかる〟とは、どういうことなのか、その地図が書けなければ〝たすける〟こと（道案内）はできません。

をやこでもふう〳〵のなかもきよたいも　みなめへ〳〵に心ちがうで　（五号　8）

と仰せられていますが、悩みや苦しみは概して一人ぼっちで味わうものです。従って一対一、膝《ひざ》から膝へ、胸から胸へが、昔も今も、これからも布教伝道の基本姿勢であらねばなりません。しかし、いくら熱心な布教者であっても、四六時中、孤独の苦しさに泣く人の側《そば》についてはいられません。その人の元を離れた途端、前生、前々生のいんねんが、ものすごい力でその人の心を突き上げてきます。そうして一時は身上がたすかった、事情が治まったというたすけに浴しながら、思わぬ破局に転落してしまうのです。

結局、他人の灯《あか》りに照らされて歩いている間は、まだたすかっていないと私たちは判断しなければなりません。自分の手に灯りがあれば、いつでも、どこでも溝や落とし穴が発見できます。孤独の時ほど親神様《おやさま》や教祖の灯りが、あかあかと自分の手元につくようになってこそ、初めてたすかった、スタートラインに立ったと言えるのではないでしょうか。

ひとがなにごといはうとも　かみがみているきをしずめ

（四下り目　1）

の境涯に入ったからです。

〝会長さんが始終来て下さるから〟

〝信仰のある親が身近にいるから〟

〝家内にしっかりした信仰があるから〟

の段階では、まだまだ他人の灯りですから危険であります。まだ不鮮明にしか親神様が分からず、またひながたの万分の一でもと慕う心情は分かるけれども、教祖もまた遠い遠い存在である時、その人はまだたすかってはいないのです。

親と話せないことでも親神様となら語り合える。つれ合いに言えないことでも教祖となら話し合える。誰一人了解してくれなくても、親神様、教祖だけはきっと分かって下さる……というように、肌身《はだみ》に添った一番近い存在は、親神様、教祖であるとなった時、私たちは孤独の淵《ふち》さえ、もはや危険でなくなります。〝たすけた〟〝イヤ、まだたすかっていない〟の境界線は、この辺にあるだろうと、私はしみじみ思うのです。

陽気ぐらしへの道

天保九年（一八三八年）十月二十六日は、この世界や私たち人間をお造り下された親神天理王命が、教祖《おやさま》中山みき様を神のやしろとお定めになって、人類史上初めて、この世の表にお現れ下された元一日であります。

人類は親神様によって創造されてからこのかた、親神様の心尽くしたご守護によって、ようやくここまで成人してきたのですが、真実陽気な暮らしをすることができなかったのです。だが、この日を出発点として、人間生活の理想であるところの陽気ぐらしができることを、親神様が保証されているのです。すなわち今までの人間は、この世の元、「よろづいさいの元」を知らずに、五里霧中で手さぐりで暮らしてきていた。それがこの元一日の日を境として、人間の世界、人間の暮らしは大きく変わろうとしているのです。

それは、この世の表にお現れ下され、教祖を通して教えられた親神様の御教《み》えを詳しく聞き、それを素直に実行するならば、いかなる者も皆、親神様を慕い、心の底から勇んで陽気ぐらしができるようになることを約束しておられるのです。

それまで人間は、真実の親であるところの親神様の存在も分からず、まして、親神様の思召《おぼしめし》も分からず、従って、人間の真実の生き方も、この世が真実治まる方法も分からず、闇路《やみじ》をさまようていたのです。

しかし、私たち人間は、この日を出発点に生まれ更《か》わることができるようになったのです。そのためにどうしても守らなければならない条件として、親神様は、私たちがこの御教えを詳しく聞かせて頂き、素直に実行することを指摘しておられるのです。

そして親神様は、疑い深い私たち人間が、たとえどんな立場や境遇におかれても御教えを素直に実行できるようにとの親心から、五十年にわたる教祖ひながたの道をお残し下されているのです。

このように、私たち人間が、その理想とする陽気ぐらしができるようにと、「よろづいさいの元」を明かされ、かつ手をとって導くように、私たちの目の前に教祖ひながたをお残し下され、至れり尽くせりの親心をお示し下さっているのです。陽気ぐらしができるかどうかは、ただ私たちが御教えを聞き、素直に実行するか否かにかかっています。

ぢばに生きる

お道の信仰の根本は、ぢばの理を信じぢばの理に生きることです。これによって世界が治まり、陽気ぐらしの世界が訪れ、すべての悩みがたすかります。

ぢばは人間世界の創《はじ》め出された源であり、生命の根元です。普通、人間の身体《からだ》はどこで出来ましたかと尋ねられたら、母親の胎内ですと答えるのが常識です。ところが神様は次のように教えられました。すなわち、人間の身体が母親の胎内に宿るのも神の働き、十カ月の間に身体が生長し、出産し、一人前の人間に生育するのもみな神の働き、寿命が来て死ぬのも、古い着物を脱ぎ捨てるようなもので、すべて神の働きの賜物《たまもの》である、と。なお、母親の胎内に宿される元の生命はぢばにあって創《つく》られ、ぢばにおられる神様のお働きによって活動しているのです。

このことをなぜ私たちにお教え下されたのか、それは私たち人間を幸福にするため、たすけるため、喜びづくめの生涯を送らせたいためです。

私たちがただ見たり、聞いたり、触れたりするだけで幸福を判断して生きてゆきますと、この世の一切を喜びづくめと悟ることはできません。古来、人間は病気、貧乏、別離、死などを筆頭に、さまざまの人間苦を挙げて、人間を業《ごう》深き者、罪深き者と悟ってきました。そこにはこの世界、人間の肉体、人間の魂がすべて陽気ぐらしのために造られ、営まれているという悟りは生まれてきませんでした。

天保九年十月二十六日、親神様は教祖《おやさま》をやしろとして、この世の表にお現れになりました。そのお心はお言葉に、おふでさきに、行いに、ふしぎなたすけに表されました。また、ぢばにかんろだいを建て、人間創造の元をしるし、親神様のお働きをおつとめに表して、このぢばを信じ、ぢばにまごころを尽くし、運ぶことによって、いかなる悩みも、いかなる病も、万物の育つる恵みも、請け合ってたすけをすると教えられました。

人は人知の完成によって地上に楽園がくると信じます。しかし人知は未完成です。いや永遠に未完成でしょう。でも、人は生を受けた己の生涯を、より楽園にしたいと願います。それが叶《かな》えられるのは、親神様を信じ、ぢばを信じ、子供可愛《かわい》い一条の親神様のお心に一歩一歩近づいてゆく、成人してゆくことにおいて実現されます。

ぢばを信じぢばに報恩のまごころを尽くす、これが私たちの信仰の筋道です。

本書の出版に当たりましては、下記の方々にご協力頂きました。（敬称略・五十音順）

一瀬俊夫	岩井孝一郎	上本信夫
大久保昭教	大島政治郎	川端　守
北山藤三郎	篠田寛一	芝　太七
清水豊吉	白鳥鍖一	数宝　明
竹川俊治	立川忠義	谷岡元喜
筒井敬一	中村則之	福井　清
藤江誠一	坊　芳春	増野正弘
松尾一郎	山崎　潔	山村源治
山本武生	山本利雄	山本正義
山本八十八		

話の台　第一集

立教140年（1977年）7月20日　初版第1刷発行
立教171年（2008年）5月26日　初版第23刷発行
立教186年（2023年）6月26日　第2版第1刷発行

編　者　天理教道友社

発行所　天理教道友社
〒632-8686　奈良県天理市三島町1番地1
電話　0743(62)5388
振替　00900-7-10367

ISBN978-4-8073-0659-6